Essential Greek Phrases for Travel

Greek for beginners
An ideal travel companion

© Copyright 2023 - All Rights Reserved.

The content contained within this book may not be reproduced, duplicated or transmitted without direct written permission from the author or the publisher.
Under no circumstances will any blame or legal responsibility be held against the publisher, or author, for any damages, reparation, or monetary loss due to the information contained within this book, either directly or indirectly.

Legal Notice:

This book is copyright protected. It is only for personal use. You cannot amend, distribute, sell, use, quote or paraphrase any part, or the content within this book, without the consent of the author or publisher.

Disclaimer Notice:

Please note the information contained within this document is for educational and entertainment purposes only. All effort has been executed to present accurate, up-to-date, reliable, and complete information. No warranties of any kind are declared or implied. Readers acknowledge that the author is not engaged in the rendering of legal, financial, medical or professional advice. The content within this book has been derived from various sources. Please consult a licensed professional before attempting any techniques outlined in this book.

By reading this document, the reader agrees that under no circumstances is the author responsible for any losses, direct or indirect, that are incurred as a result of the use of the information contained within this document, including, but not limited to, errors, omissions, or inaccuracies.

Table of Contents

Introduction..8

    Make the most out of this guide........................9

    The Greek Alphabet..12

    Greek Alphabet Chart..10

Chapter 1: The Fundamentals..............................15

    Numbers...16

    Colours...17

    Body parts...18

    Time..20

    Telling Time...22

    Minutes..24

    Days of the week..26

    Months of the year...27

- Seasons...29
- Greetings and basic phrases........................30
- Celebrations..32

Chapter 2: Meeting people................................35
- Dating..37
- Conversation Starters..................................39

Chapter 3: At the hotel and getting around...........42
- Asking for Directions....................................44
- At the airport...46
- Getting around by bus..................................47
- Getting around by train.................................49
- Getting around by taxi..................................51
- Renting a car..52

Chapter 4: Banking and Finances..........................55

Chapter 5: Eating out..60
- Ordering takeaway..64
- At the bar..65
- At a coffee shop..67

Chapter 6: Health and Wellness............................70
- At the gym..71
- At a spa...73
- At the doctor..75
- At the pharmacy..77

Chapter 7: Day to Day...**79**
    At the internet cafe...80
    At the convenience/grocery store......................81
    While shopping..82
    Sightseeing...84
    In an emergency..86
    Traveling with children..87
Chapter 8: Bonus: Plan Your Travels...................**79**

Καλωσορίσατε! (Welcome!)

Welcome to your pocket guide of Greek phrases. Whether you're an avid traveler, an adventurous student, or an enthusiast of languages, this book will help you navigate the Greek language, even if you're a beginner.

This guide includes a selection of curated phrases and expressions to help you with your travels in Greece. It includes vocabulary to use in various situations, from basic greetings and polite exchanges to ordering food, asking for directions, and engaging in meaningful conversations.

Make the Most of this Guide

Greek boasts a rich history and a unique alphabet. It can be intimidating for a beginner to the language.

This book is divided into sections of commonly used words and phrases but it'll also include cultural insights that will enrich your understanding of Greek customs, traditions, and social etiquette.

Whether you're preparing for an upcoming trip to Greece, seeking to deepen your understanding of the language, or simply embracing the joy of learning, let this book be your trusted companion.

Greek Alphabet

About the Greek Alphabet

The Greek alphabet is one of the oldest writing systems. It consists of 24 letters, each with its own name and sound.

It was used as the foundation for the Latin alphabet, and you may also recognize the terms and symbols in mathematics, physics
.
Greek is written from left to right, with no spaces between words. In the words you're about to learn, you'll notice marks and accents to indicate stress, pitch, and other linguistic features. These marks include the acute accent (´), the grave accent (`), and the circumflex (ˆ), among others.

It can be daunting to navigate a new language but with some practice, you can master the Greek alphabet and unlock a fascinating world of Greek language and literature.

Καλή μάθηση! (Good learning!)

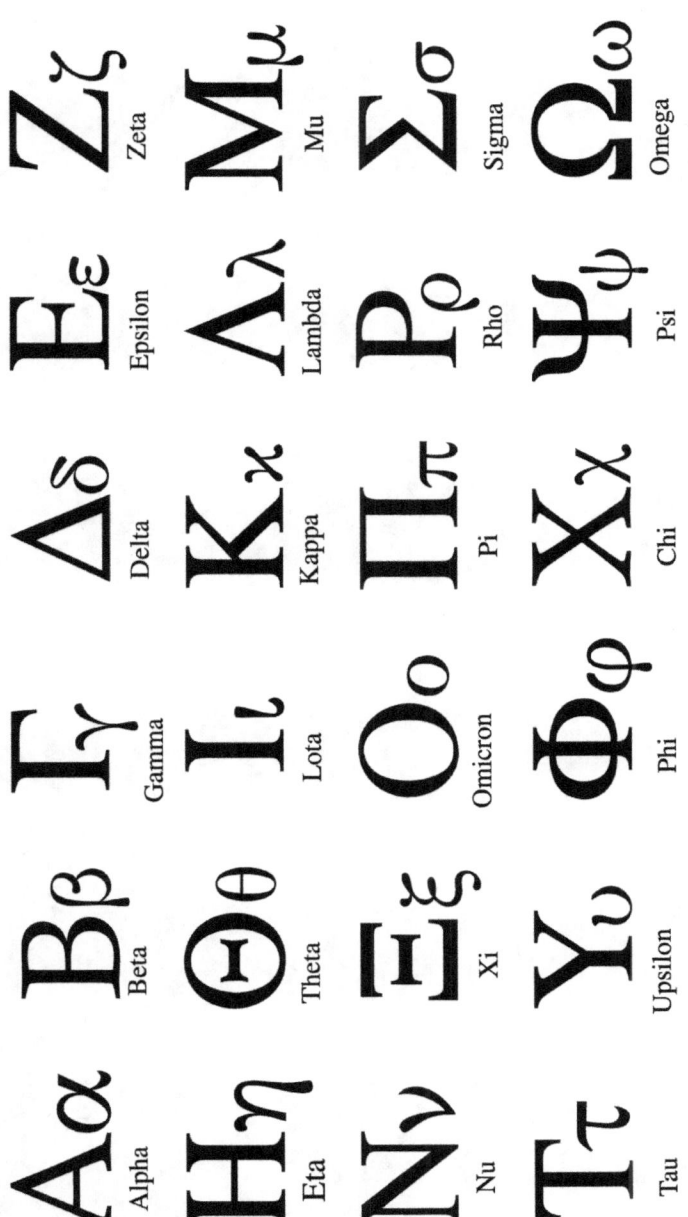

Chapter 1
The Fundamentals
Τα βασικά

Numbers- Αριθμοί

The Greek numbering system has its own set of symbols and rules. How you pronounce the numbers depends on the noun being referenced. The most common use of numbers is in masculine form, as referenced below.

English	Written in Greek	Pronounciation
One	Ένα	Éna
Two	Δύο	Dýo
Three	Τρία	Tría
Four	Τέσσερα	Téssera
Five	Πέντε	Pénte
Six	Εξι	Exi
Seven	Επτά	Eptá
Eight	Οκτώ	Októ
Nine	Εννέα	Ennéa
Ten	Δέκα	Déka

Colours - Χρώματα

Red	Κόκκινο	Kókkino
Orange	Πορτοκάλι	Portokáli
Yellow	Κίτρινο	Kítrino
Green	Πράσινο	Prásino
Purple	Μωβ	Mov
Blue	Μπλε	Ble
Pink	Ροζ	Roz
White	Λευκό	Lefkó
Black	Μαύρο	Mávro

Learning Tip: Immerse yourself in the language by watching shows in Greek with English subtitles on. You'll be surprised by how much you can learn.

Body parts
Μέρη του σώματος

Head	Κεφάλι	Kefáli
Eyes	Μάτια	Mátia
Nose	Μύτη	Mýti
Mouth	Στόμα	Stóma
Ears	Αυτιά	Aftiá
Arm	Μπράτσο	Brátso
Stomach	Στομάχι	Stomáchi
Knee	Γόνατο	Gónato

Legs	Πόδια	Pódia
Hands	Χέρια	Chéria
Toes	Δάχτυλα των ποδιών	Dáchtyla ton podión

Time - Ώρα

Do you have the time?	Έχετε ώρα;	Échete óra?
What time is it now?	Τι ώρα είναι τώρα;	Ti óra eínai tóra?
AM	ΠΜ	PM
PM	ΜΜ	MM
O'clock	Ακριβώς	Akrivós
Hour	Ώρα	Óra
Half Past	Και μισή	Kai misí
Minute	Λεπτό	Leptó

Morning	Πρωί	Proí
Afternoon	Απόγευμα	Apógevma
Evening	Βράδυ	Vrády
Midday	Μεσημέρι	Mesiméri
Midnight	Μεσάνυχτα	Mesánychta

Telling Time
Λέγοντας την ώρα

The hours in Greek are typically expressed on a 24-hour clock, but the 12-hour clock system is used in informal settings.

One o'clock	Μία η ώρα	Mía i óra
Two o'clock	Δύο η ώρα	Dýo i óra
Three o'clock	Τρεις η ώρα	Treis i óra
Four o'clock	Τέσσερις η ώρα	Tésseris i óra
Five o'clock	Πέντε η ώρα	Pénte i óra
Six o'clock	Έξι η ώρα	Éxi i óra
Seven o'clock	Επτά η ώρα	Eptá i óra

Eight o'clock	Οκτώ η ώρα	Októ i óra
Nine o'clock	Εννέα η ώρα	Ennéa i óra
Ten o'clock	Δέκα η ώρα	Déka i óra
Eleven o'clock	Έντεκα η ώρα	Énteka i óra
Twelve o'clock	Δώδεκα η ώρα	Dódeka i óra

Minutes - Λεπτά

1 minute	1 λεπτό	1 leptó
2 minutes	2 λεπτά	2 leptá
3 minutes	3 λεπτά	3 leptá
4 minutes	4 λεπτά	4 leptá
5 minutes	5 λεπτά	5 leptá
6 minutes	6 λεπτά	6 leptá
7 minutes	7 λεπτά	7 leptá
8 minutes	8 λεπτά	8 leptá
9 minutes	9 λεπτά	9 leptá

10 minutes	10 λεπτά	10 leptá
20 minutes	20 λεπτά	20 leptá
30 minutes	30 λεπτά	30 leptá
40 minutes	40 λεπτά	40 leptá
50 minutes	50 λεπτά	50 leptá

Days of the week
Ημέρες της εβδομάδας

Monday	Δευτέρα	Deftéra
Tuesday	Τρίτη	Tríti
Wednesday	Τετάρτη	Tetárti
Thursday	Πέμπτη	Pémpti
Friday	Παρασκευή	Paraskeví
Saturday	Σάββατο	Sávvato
Sunday	Κυριακή	Kyriakí

Months of the year
Μήνες του έτους

January	Ιανουάριος	Ianouários
February	Φεβρουάριος	Fevrouários
March	Μάρτιος	Mártios
April	Απρίλιος	Aprílios
May	Μάιος	Máios
June	Ιούνιος	Ioúnios
July	Ιούλιος	Ioúlios
August	Αύγουστος	Ávgoustos

September	Σεπτέμβριος	Septémvrios
October	Οκτώβριος	Októvrios
November	Νοέμβριος	Noémvrios
December	Δεκέμβριος	Dekémvrios

Seasons - Εποχές

Greece has four distinct seasons. You'll find the winters to be mild and wet and summers to be hot and dry. Regardless of when you go, there is always something to do. Go skiing or snowboarding in Mount Olympus in the winter, explore nature trials in Autumn, head to a music festival in the summer and see the sights in spring.

Winter	Χειμώνας	Cheimónas
Summer	Καλοκαίρι	Kalokaíri
Spring	Άνοιξη	Ánoixi
Fall	Φθινόπωρο	Fthinóporo

Greetings and basic phrases
Χαιρετισμοί και βασικές εκφράσεις

Good Morning	Καλημέρα	Kaliméra
Good Afternoon	Καλό απόγευμα	Kaló apógevma
Good Evening	Καλησπέρα	Kalispéra
Hello	Γεια σας	Geia sas
Good bye	Αντίο	Antío
How are you?	Πώς είστε;	Pós eísai?
My name is	Το όνομα μου είναι	To όnomá mou eínai
Nice to meet you	Χάρηκα για τη γνωριμία	Chárika gia ti gnorimía

What's your name?	Πως σε λένε;	Pos se léne?
Excuse me	Με συγχωρείτε	Me synchoreíte
Sorry	Συγγνώμη	Syngnómi
Please	Παρακαλώ	Parakaló
Thank you	Ευχαριστώ	Efcharistó
You're welcome	Παρακαλώ	Parakaló
Can you please help me?	Μπορείτε παρακαλώ να με βοηθήσετε;	Boreíte na parakaló na me voithísete?

Celebrations
Εορτασμοί

Congratulations	Συγχαρητήρια	Syncharitíria
Happy Birthday	Χρόνια πολλά	Chrónia pollá
Happy Anniversary	Χαρούμενη επέτειο	Charoúmeni epéteio
Good luck	Καλή επιτυχία	Kalí epitychía
Well done	Μπράβο	Brávo
Happy New Year	Καλή χρονιά	Kalí chroniá
Cheers	Στην υγειά μας	Stin ygeiá mas
Yay	Ζήτω	Zíto

Chapter 2
Meeting people
Γνωριμία με ανθρώπους

Meeting people
Κεφάλαιο 2: Γνωριμία με ανθρώπους

Do you speak English?	Μιλάτε αγγλικά;	Miláte angliká?
Does anyone here speak English?	Μιλάει κανείς εδώ Αγγλικά;	Miláei kaneís edó Angliká?
I only speak a little Japanese	Μιλάω λίγα Ιαπωνικά	Miláo líga iaponiká
I am very glad to meet you	Χαίρομαι πολύ που σας γνωρίζω	Chaíromai polý pou sas gnorízo
I don't understand	Δεν καταλαβαίνω	Den katalavaíno
Can you say that one more time?	Μπορείτε να το πείτε άλλη μια φορά;	Boreíte na to peíte álli mia forá?
I understand	Καταλαβαίνω	Katalavaíno
What are your plans tomorrow?	Ποια είναι τα σχέδια σας για αύριο;	Poia eínai ta schédia sas gia ávrio?
Do you want to grab a coffee?	Θέλετε να πιούμε έναν καφέ;	Thélete na pioúme énan kafé?
Where are you from?	Από πού είστε;	Apó poú eíste?

What are your hobbies?	Ποια είναι τα χόμπι σας;	Poia eínai ta chómpi sas?
What do you do for work?	Τι δουλειά κάνετε;	Ti douleiá kánete?
Would you like to get together again?	Θα θέλατε να ξανασυναντηθούμε;	Tha thélate na xanasynantithoúme?
I know very little Japanese	Ξέρω πολύ λίγα Ιαπωνικά	Xéro polý líga iaponiká
I'm still learning Japanese	Ακόμη μαθαίνω Ιαπωνικά	akómi mathaíno iaponiká
Do you have any places you'd recommend?	Έχετε κάποια μέρη που θα προτείνατε;	Échete kápoia méri pou tha proteínate?

QUICK TIPS

Affection is often shown in the Greek culture. It is typical to greet each other with a handshake in formal settings. But in more casual situations or when meeting friends and family, a warm hug or a kiss on both cheeks is also common.

Dating
Ραντεβού

Like every country, dating 'rules' continue to change. But in Greek culture, men often take the lead in pursuing women, initiating conversations, and planning dates. Greek culture places a strong emphasis on family so don't be surprised if the person you're dating wants you to meet the family after a few dates. When it comes to displays of affection, hugging and kissing is acceptable.

Are you single?	Είσαι ελεύθερος;	Eísai eléftheros?
Do you come here often?	Έρχεσαι συχνά εδώ;	Érchesai sychná edó?
Can I ask for your number?	Μπορώ να ζητήσω τον αριθμό σου;	Boró na zitíso ton arithmó sou?
Can I take you on a date?	Μπορώ να σε βγάλω ραντεβού;	Boró na se vgálo rantevoú?
I find you attractive	Σε βρίσκω ελκυστικό	Se vrísko elkystikó
I like you	Μου αρέσεις	mou aréseis

I enjoyed our date	Μου άρεσε το ραντεβού μας	Mou árese to rantevoú mas
Can I hold your hand?	Μπορώ να κρατήσω το χέρι σου;	Boró na kratíso to chéri sou?
I had so much fun today	Πέρασα πολύ ωραία σήμερα	Pérasa polý oraía símera

Conversation Starters
Προτάσεις για συζήτηση

What are your plans today?	Ποια είναι τα σχέδια σου για σήμερα;	Poia eínai ta schédia sou gia símera?
What is your favourite food?	Ποιο είναι το αγαπημένο σου φαγητό;	Poio eínai to agapiméno sou fagitó?
Where have you travel?	Που έχεις ταξιδέψει;	Pou écheis taxidépsei?
What is your favourite place to visit?	Ποιο είναι το αγαπημένο σου μέρος για να επισκεφθείς;	Poio eínai to agapiméno sou méros gia na episkefteís
Tell me about your favourite childhood memory	Πες μου για την αγαπημένη σου παιδική ανάμνηση	Pes mou gia tin agapiméni sou paidikí anámnisi
What makes you happy?	Τι σε κάνει χαρούμενο;	Ti se kánei charoúmeno?
What's your favourite book to read?	Ποιο είναι το αγαπημένο σου βιβλίο;	Poio eínai to agapiméno sou vivlío?

Chapter 3
At the hotel and getting around

Στο ξενοδοχείο και στις μετακινήσεις

At the hotel and getting around
Στο ξενοδοχείο και στις μετακινήσεις

What time is check in?	Τι ώρα είναι το check in;	Ti óra eínai to check in?
Can I get a bigger room?	Μπορώ να έχω ένα μεγαλύτερο δωμάτιο;	Boró na écho éna megalýtero domátio?
Can I get housekeeping?	Μπορώ να καλέσω την υπηρεσία καθαριότητας;	Boró na kaléso tin ypiresía kathariótitas?
Is there laundry service?	Υπάρχει υπηρεσία πλυντηρίου ρούχων;	Ypárchei ypiresía plyntiríou roúchon?
Is there a gym or pool?	Υπάρχει γυμναστήριο ή πισίνα;	Ypárchei gymnastírio í pisína?
What time is breakfast?	Τι ώρα είναι το πρωινό;	Ti óra eínai to proinó?
How do I order room service?	Πως μπορώ να παραγγείλω υπηρεσία δωματίου;	Pós boró na parangeílo ypiresía domatíou?
How can I get wi-fi?	Πως μπορώ να χρησιμοποιήσω το wi-fi;	Pós boró na chrisimopoiíso to wi-fi?

I'd like a wake up call please	Θα ήθελα μια κλήση αφύπνισης παρακαλώ	Tha íthela mia klísi afýpnisis parakaló
Can I get a taxi to the airport?	Μπορώ να πάρω ένα ταξί για το αεροδρόμιο;	Boró na páro éna taxí gia to aerodrómio?
Please give me the room key	Παρακαλώ δώστε μου το κλειδί του δωματίου	Parakaló dóste mou to kleidí tou domatíou
Can you recommend some tourist spots?	Μπορείτε να μου προτείνετε κάποια τουριστικά μέρη;	Boreíte na mou proteínete kápoia touristiká méri?
Does this hotel have a spa?	Αυτό το ξενοδοχείο διαθέτει σπα;	Aftó to xenodocheío diathétei spa?
What time is check out?	Τι ώρα είναι το check out;	Ti óra eínai to check out?

It is common to tip your housekeeper or bellhop a few euros a day as a gesture of appreciation. In restaurants and cafes, leaving a 5-10% tip is typical.

Asking for Directions
Ζητώντας οδηγίες

I'm lost	Έχω χαθεί	écho chatheí
Can you help me?	Μπορείτε να με βοηθήσετε;	Boreíte na me voithísete?
I'm looking for	Ψάχνω για το	Psáchno gia to ....
How do I get to...	Πως μπορώ να πάω στο...	Pós boró na páo sto...
Where is....	Που είναι....	Poú eínai....
Can I walk from here?	Μπορώ να περπατήσω από εδώ;	Boró na perpatíso apó edó?
How far is... from here?	Πόσο μακριά είναι το... από εδώ;	Póso makriá eínai to... apó edó?

Can you show me a map?	Μπορείτε να μου δείξετε ένα χάρτη;	Boreíte na mou deíte énan chárti?
Where is the bus stop?	Που είναι η στάση του λεωφορείου;	Pou eínai i stási tou leoforeíou?
Can you tell me how to get to the station?	Μπορείτε να μου πείτε πως να πάω στο σταθμό;	Boreíte na mou peíte pos na páo sto stathmó?

At the airport
Στο αεροδρόμιο

Where do I check in?	Πού μπορώ να κάνω check in;	Poú boró na káno check in?
I'd like a window seat	Θα ήθελα μια θέση δίπλα στο παράθυρο	Tha íthela mia thési dípla sto paráthyro
I'd like an aisle seat	Θα ήθελα μια θέση στο διάδρομο	Tha íthela mia thési sto diádromo
Why has been plane been delayed?	Γιατί καθυστέρησε το αεροπλάνο;	Giatí kathystérise to aeropláno?
How long has my flight been delayed?	Πόση ώρα καθυστέρησε η πτήση μου;	Pósi óra kathystérise i ptísi mou?
How much will extra baggage cost?	Πόσο κοστίζουν οι επιπλέον αποσκευές;	Póso kostízoun oi epipléon aposkevés?
Where is the departures lounge?	Που βρίσκεται η αίθουσα αναχωρήσεων;	Pou vrísketai i aíthousa anachoríseon?
Which gate should I go to?	Σε ποια πύλη πρέπει να πάω;	Se poia pýli prépei na páo?
I came from (country)...	Ήρθα από (χώρα)...	Írtha apó (chóra)...
I am staying here for x days	Θα μείνω εδώ για x ημέρες	Tha meíno edó gia x iméres
I am staying at a friend's place	Θα μείνω στο σπίτι ενός φίλου	Tha meíno sto spíti enós fílou

Getting around by bus
Μετακίνηση με το λεωφορείο

Do you have a bus time table?	Έχετε το πρόγραμμα δρομολογίων των λεωφορείων;	Échete to prógramma dromologíon ton leoforeíon?
Which bus should I take to get to...	Ποιο λεωφορείο πρέπει να πάρω για να πάω...	Poio leoforeío prépei na páro gia na páo...
What time does bus xx leave?	Τι ώρα φεύγει το λεωφορείο xx;	Ti óra févgei to leoforeío xx?
Where can I buy bus tickets?	Που μπορώ να αγοράσω εισιτήρια λεωφορείου;	Pou boró na agoráso eisitíria leoforeíou?
How much are bus tickets?	Πόσο κοστίζουν τα εισιτήρια του λεωφορείου;	Póso kostízoun ta eisitíria tou leoforeíou?
Does this bus go to xx?	Αυτό το λεωφορείο πηγαίνει στο xx;	Aftó to leoforeío pigaínei sto xx?

Can I take my pram on the bus?	Μπορώ να πάρω το καρότσι μου στο λεωφορείο;	Boró na páro to karótsi mou sto leoforeío?
Can I take my dog on the bus?	Μπορώ να πάρω τον σκύλο μου στο λεωφορείο;	Boró na páro ton skýlo mou sto leoforeío?
Can you tell me when to get off the bus?	Μπορείτε να μου πείτε πότε πρέπει να κατέβω από το λεωφορείο;	na mou peíte poté prépei na katévo apó to leoforeío?
How long is the trip?	Πόσο διαρκεί η διαδρομή;	Póso diarkeí i diadromí?

Getting around by train
Μετακίνηση με το τρένο

Do you have a train time table?	Έχετε το πρόγραμμα δρομολογίων για τα τρένα;	Échete to prógramma dromologíon gia ta tréna?
Which train should I take to get to...	Ποιο τρένο πρέπει να πάρω για να πάω...	Poio tréno prépei na páro gia na páo...
What time does train xx leave?	Τι ώρα φεύγει το τρένο xx;	Ti óra févgei to tréno xx?
Where can I buy train tickets?	Που μπορώ να αγοράσω εισιτήρια για το τρένο;	Pou boró na agoráso eisitíria gia to tréno?
How much are train tickets?	Πόσο κοστίζουν τα εισιτήρια του τρένου;	Póso kostízoun ta eisitíria tou trénou?
Does this train go to xx?	Αυτό το τρένο πηγαίνει στο xx;	Aftó to tréno pigaínei sto xx?
Can I take my pram on the train?	Μπορώ να πάρω το καρότσι μου στο τρένο;	Boró na páro to karótsi mou sto tréno?
Can I take my dog on the train?	Μπορώ να πάρω τον σκύλο μου στο τρένο;	Boró na páro ton skýlo mou sto tréno?
Can you tell me when to get off the train?	Μπορείτε να μου πείτε πότε πρέπει να κατέβω από το τρένο;	Boreíte na mou peíte poté prépei na katévo apó to tréno?

How long is the trip?	Πόσο διαρκεί η διαδρομή;	Póso diarkeí i diadromí?
How can I reserve tickets?	Πως μπορώ να κλείσω εισιτήρια;	Pos boró na kleíso eisitíria?
Is this an overnight train?	Πρόκειται για τρένο με διανυκτέρευση;	Prókeitai gia tréno me dianyktérefsi?
What is the fastest way to get to xx?	Ποιος είναι ο γρηγορότερος τρόπος για να φτάσω στο xx;	Poios eínai o grigoróteros trópos gia na ftáso sto xx?
Is smoking allowed on the train?	Επιτρέπεται το κάπνισμα στο τρένο;	Epitrépetai to kápnisma sto tréno?
Can I take food on the train?	Μπορώ να πάρω φαγητό στο τρένο;	Boró na páro fagitó sto tréno?
Where are the toilets?	Που βρίσκονται οι τουαλέτες;	Pou vrískontai oi toualétes?

Getting around by taxi
Μετακίνηση με ταξί

I'd like to go to...	Θα ήθελα να πάω στο...	Tha íthela na páo sto...
I'd like to make two stops	Θα ήθελα να κάνω δύο στάσεις	Tha íthela na káno dýo stáseis
I'd like to pick someone up along the way...	Θα ήθελα να πάρουμε κάποιον κατά τη διαδρομή...	Tha íthela na pároume kápoion katá ti diadromí...
How much is it to get to xxx?	Πόσο κοστίζει η μετάβαση στο xxx;	Póso kostízei i metávasi sto xxx?
Please keep the change	Παρακαλώ κρατήστε τα ρέστα	Parakaló kratíste ta résta
How long will it take to get there...	Πόση ώρα θα χρειαστεί για να φτάσουμε εκεί...	Pósi óra tha chreiasteí gia na ftásoume ekeí...
Can you help me with my bags?	Μπορείτε να με βοηθήσετε με τις βαλίτσες μου;	Boreíte na me voithísete me tis valítses mou?
Do you have a car seat?	Έχετε παιδικό κάθισμα αυτοκινήτου;	Se paidikó káthisma aftokinítou?

Tipping your taxi driver is not mandatory or expected but it will be appreciated. If you're happy with the service, you can round up your bill.

Renting a car
Ενοικίαση αυτοκινήτου

Finding parking can be tough when you're driving in urban areas. Be sure to do your research beforehand to find parking spaces that may be available.

I'd like to rent a car	Θα ήθελα να νοικιάσω ένα αυτοκίνητο	Tha íthela na noikiáso éna aftokínito
I'd like a car that seats two people	Θα ήθελα ένα αυτοκίνητο που να χωράει δύο άτομα	Tha íthela éna aftokínito pou na choráei dýo átoma
How much is it to rent a car per day?	Πόσο κοστίζει η ενοικίαση αυτοκινήτου ανά ημέρα;	Póso kostízei i enoikíasi aftokinítou aná iméra?
Does the price include insurance?	Στην τιμή περιλαμβάνεται και η ασφάλιση;	Stin timí perilamvánetai kai i asfálisi?
Does the price include petrol?	Στην τιμή περιλαμβλανεται και η βενζίνη;	Stin timí perilamvánetai kai i venzíni?

Where can I return the car?	Που μπορώ να επιστρέψω το αυτοκίνητο;	Pou boró na epistrépso to aftokínito?
Do I need to pay a deposit?	Χρειάζεται να πληρώσω εγγύηση;	Chreiázetai na plilóso engýisi?
Can I see the cars available?	Μπορώ να δω τα διαθέσιμα αυτοκίνητα;	Boró na do ta diathésima aftokínita?
Does the car come with a car seat?	Το αυτοκίνητο περιλαμβλανει παιδικό κάθισμα;	To aftokínito perilamvánei paidikó káthisma aftokinítou?

Chapter 4
Banking and Finances
Τραπεζικές και Χρηματοοικονομικές υπηρεσίες

Banking and Finances
Τραπεζικές και Χρηματοοικονομικές υπηρεσίες

How can I withdraw money?	Πως μπορώ να κάνω ανάληψη χρημάτων;	Pós boró na káno análipsi chrimáton?
Can I exchange my money here?	Μπορώ να αλλάξω τα χρήματα μου εδώ;	Boró na alláxo ta chrímata mou edó?
What is the exchange rate?	Ποια είναι η συναλλαγματική ισοτιμία;	Poia eínai i synallagmatikí isotimía?
Where is the closest ATM?	Που βρίσκεται το πλησιέστερο ATM;	Pou vrísketai to plisiéstero ATM?
I'd like to withdraw money	Θα ήθελα να κάνω ανάληψη χρημάτων	Tha íthela na káno análipsi chrimáton
I'd like to deposit money	Θα ήθελα να καταθέσω χρήματα	Tha íthela na katathéso chrímata
I'd like to transfer money overseas	Θα ήθελα να μεταφέρω χρήματα στο εξωτερικό	Tha íthela na metaféro chrímata sto exoterikó

Can I open a bank account?	Μπορώ να ανοίξω έναν τραπεζικό λογαριασμό;	Boró na anoíxo énan trapezikó logariasmó?
Can you tell me my account balance?	Μπορείτε να μου πείτε το υπόλοιπο του λογαριασμού μου;	Boreíte na mou peíte to ypóloipo tou logariasmoú mou?
Is online banking available?	Είναι διαθέσιμες οι ηλεκτρονικές τραπεζικές συναλλαγές;	Eínai diathésimes oi ilektronikés trapezikés synallagés?
How can I access my account online?	Πως μπορώ να έχω πρόσβαση στον λογαριασμό μου μέσω του διαδικτύου;	Pós boró na écho prósvasi ston logariasmó mou méso tou diadiktýou?

How do I reset my banking pin?	Πως μπορώ να επαναφέρω το τραπεζικό μου pin;	Pos boró na epanaféro to trapezikó mou pin?
Can I get a credit card?	Μπορώ να βγάλω πιστωτική κάρτα;	Boró na vgálo pistotikí kárta?
What is the credit card limit?	Ποιο είναι το όριο της πιστωτικής κάρτας;	Poio eínai to όrio tis pistotikís kártas?
How can I pay my credit card bills?	Πως μπορώ να πληρώσω τους λογαριασμούς της πιστωτικής μου κάρτας;	Pós boró na pliróso tous logariasmoús tis pistotikís mou kártas?

Chapter 5
Eating Out
Φαγητό σε εστιατόριο

Eating out
Φαγητό σεεστιατόριο

Do you have any specials on the menu?	Έχετε κάποια σπεσιαλιτέ στον κατάλογο;	Échete kápoia spesialité ston katálogo?
What dishes do you recommend?	Ποια πιάτα προτείνετε;	Poia piáta proteínete?
How many dishes should I order?	Πόσα πιάτα να παραγγείλω;	Pósa piáta na parangeílo?
What's in this dish?	Τι περιέχει αυτό το πιάτο;	Ti periéchei aftó to piáto?
Do you have any vegetarian dishes?	Έχετε πιάτα για χορτοφάγους;	Échete piáta gia chortofágous?
Do you have any vegan dishes?	Έχετε πιάτα vegan;	Échete piáta vegan?
Is this gluten free?	Αυτό είναι χωρίς γλουτένη;	Aftó eínai chorís glouténi?

I'm allergic to...	Είμαι αλλεργικός στο...	Eímai allergikós sto...
Can you please remove garlic from my dish?	Μπορείτε να αφαιρέσετε το σκόρδο από το πιάτο μου;	Boreíte na afairésete to skórdo apó to piáto mou?
Could I have some water?	Θα μπορούσα να έχω λίγο νερό;	Tha boroúsa na écho lígo neró?
Can I see your wine menu?	Μπορώ να δω τον κατάλογο με τα κρασιά σας;	Boró na do ton katálogo me ta krasiá sas?
How long will our food take?	Πόση ώρα θα χρειαστούμε για το φαγητό μας;	Pósi óra tha chreiastoúme gia to fagitó mas?
I'd like my steak medium rare	Θα ήθελα την μπριζόλα μου μέτρια ψημένη.	Tha íthela tin brizóla mou métria psiméni.
Let's eat	Ας ξεκινήσουμε να τρώμε	As xekinísoume na tróme

Can I see the dessert menu?	Μπορώ να δω τον κατάλογο με τα επιδόρπια;	Boró na do ton katálogo me ta epidórpia?
That was delicious	Ήταν πεντανόστιμο	ítan pentanóstimo
The food was a little cold	Το φαγητό ήταν λίγο κρύο	To fagitó ítan lígo krýo
This isn't what I ordered	Δεν είναι αυτό που παρήγγειλα	Den eínai aftó pou paríngeila
Can we have the bill?	Μπορούμε να έχουμε τον λογαριασμό;	Boroúme na échoume ton logariasmó?
Do you split bills?	Μοιράζετε τους λογαριασμούς;	Moirasteíte tous logariasmoús?
Can I pay by credit card?	Μπορώ να πληρώσω με πιστωτική κάρτα;	Boró na pliróso me pistotikí kárta?
Do you accept Amex?	Δέχεστε Amex;	Décheste Amex?

Ordering takeaway
Παραγγελία φαγητού σε πακέτο

Do you offer home delivery?	Προσφέρετε παράδοση κατ' οίκον;	Prosférete parádosi kat' oíkon?
How long will it take?	Πόση ώρα θα χρειαστεί;	Pósi óra tha chreiasteí?
When should I pick up the food?	Πότε πρέπει να παραλάβω το φαγητό;	Póte prépei na paralávo to fagitó?
Can you please include soy sauce?	Μπορείτε να προσθέσετε σάλτσα σόγιας;	Boreíte na prosthésete sáltsa sógias?
Can you please include cutlery?	Μπορείτε να προσθέσετε μαχαιροπήρουνα;	Boreíte na prosthésete machairopírouna?

At the bar
Στο μπαρ

Where is the toilet?	Που είναι η τουαλέτα;	Pou eínai i toualéta?
What are your drink specials?	Ποιες είναι οι σπεσιαλιτέ σας στα ποτά;	Poies eínai oi spesialité sas sta potá?
Do you have craft beer?	Έχετε βαρελίσια μπύρα;	Échete varelísia býra?
What's your favourite cocktail?	Ποιο είναι το αγαπημένο σας κοκτέιλ;	Poio eínai to agapiméno sas koktéil?
Do you have any mocktails?	Έχετε καθόλου κοκτέιλ χωρίς αλκοόλ;	Échete kathólou koktéil chorís alkoól?
Do you have any non-alcoholic beer?	Έχετε καθόλου μπύρα χωρίς αλκοόλ;	Échete kathólou býra chorís alkoól?
Do you have any non-alcoholic wine?	Έχετε καθόλου κρασί χωρίς αλκοόλ;	Échete kathólou krasí chorís alkoól?

Do you have a food menu?	Έχετε κατάλογο με φαγητό;	Échete katálogo me fagitó?
When is happy hour?	Πότε είναι το happy hour;	Póte eínai to happy hour?
Can I start a tab?	Μπορώ να ανοίξω έναν λογαριασμό;	Boró na anoíxo mia kartéla?
Can I get the bill?	Μπορώ να έχω τον λογαριασμό;	Boró na écho ton logariasmó?
Cheers	Στην υγειά μας	Stin ygeiá mas
Can you make my drink a little stronger?	Μπορείτε να κάνετε το ποτό μου λίγο πιο δυνατό;	Boreíte na kánete to potó mou lígo pio dynató?
Can you make my drink a little weaker?	Μπορείτε να κάνετε το ποτό μου λίγο πιο ελαφρύ;	Boreíte na kánete to potó mou lígo pio elafrý?

At a coffee shop
Σε μια καφετέρια

Can I get an iced coffee?	Μπορώ να έχω έναν παγωμένο καφέ;	Boró na écho énan pagoméno kafé?
Can I get a hot coffee?	Μπορώ να έχω έναν ζεστό καφέ;	Boró na écho zestó kafé?
I'd like a small coffee	Θα ήθελα έναν μικρό καφέ	Tha íthela énan mikró kafé
I'd like a medium coffee	Θα ήθελα έναν μεσαίο καφέ	Tha íthela énan mesaío kafé
I'd like a large coffee	Θα ήθελα έναν μεγάλο καφέ	Tha íthela énan megálo kafé
I'd like a hot chocolate	Θα ήθελα μια ζεστή σοκολάτα	Tha íthela mia zestí sokoláta
Do you have babycinos?	Έχετε babycino;	Échete babycino?

I'd like a tea	Θα ήθελα ένα τσάι	Tha íthela éna tsái
Do you have decaf?	Έχετε ντεκαφεϊνέ;	Échete ntekafeïné?
Do you have soy milk?	Έχετε γάλα σόγιας;	Échete gála sógias?
Do you have oat milk?	Έχετε γάλα βρώμης;	Échete gála vrómis?
Do you have almond milk?	Έχετε γάλα αμυγδάλου;	Échete gála amygdálou?
I'd like extra froth in my coffee	Θα ήθελα επιπλέον αφρό στον καφέ μου	Tha íthela epipléon afró ston kafé mou
I'd like more sugar	Θα ήθελα περισσότερη ζάχαρη	Tha íthela perissóteri záchari
I'd like less sugar	Θα ήθελα λιγότερη ζάχαρη	Tha íthela ligóteri záchari

Chapter 6
Health and wellness
Υγεία και ευεξία

At the gym
Στο γυμναστήριο

How can I sign up for a gym membership?	Πως μπορώ να κάνω συνδρομή στο γυμναστήριο;	Pós boró na káno syndromí sto gymnastírio?
Do you offer casual visits?	Προσφέρετε περιστασιακές επισκέψεις;	Prosférete peristasiakés episképseis?
Where are the lockers?	Που βρίσκονται τα ντουλαπάκια;	Pou vrískontai ta ntoulapákia?
Where are the showers?	Που βρίσκονται τα ντους;	Pou vrískontai ta ntous?
What are the opening hours?	Ποιες είναι οι ώρες λειτουργίας;	Poies eínai oi óres leitourgías?

Do you have personal trainers?	Έχετε προσωπικούς γυμναστές;	Échete prosopikoús gymnastés?
Can I get a tour of the gym?	Μπορώ να κάνω μια ξενάγηση στο γυμναστήριο;	Boró na káno mia xenágisi sto gymnastírio?
Can you show me how to use this machine?	Μπορείτε να μου δείξετε πως να χρησιμοποιήσω αυτό το μηχάνημα;	Boreíte na mou deíxete pos na chrisimopoiíso aftó to michánima?
Does this gym have a pool?	Αυτό το γυμναστήριο διαθέτει πισίνα;	Aftó to gymnastírio diathétei pisína?
Are there other locations I can visit?	Υπάρχουν άλλες τοποθεσίες που μπορώ να επισκεφθώ;	Ypárchoun álles topothesíes pou boró na episkeftó

At a spa
Σε ιαματικές πηγές

How much is it per person?	Πόσο κοστίζει ανά άτομο;	Póso kostízei aná átomo?
Can I rent a towel?	Μπορώ να νοικιάσω μια πετσέτα;	Boró na noióso mia petséta?
Is there shampoo?	Υπάρχει σαμπουάν;	Ypárchei sampouán?
Do you have face wash?	Έχετε σαπούνι προσώπου;	Échete sapoúni prosópou?
Where can I store my personal items?	Που μπορώ να αποθηκεύσω τα προσωπικά μου αντικείμενα;	Pou boró na apothikéfso ta prosopiká mou antikeímena?
Do you have secure lockers?	Διαθέτετε ασφαλή ντουλαπάκια;	Diathétete asfalí ntoulapákia?
How long can I stay for?	Πόση ώρα μπορώ να μείνω;	Pósi óra boró na meíno?

Are tattoos allowed?	Επιτρέπονται τα τατουάζ;	Epitrépontai ta tatouáz?
Where is the women's bath?	Που είναι το μπάνιο των γυναικών;	Pou eínai to bánio ton gynaikón?
Where is the men's bath?	Που είναι το μπάνιο των ανδρών;	Pou eínai to bánio ton andrón?
Is there a lounge?	Υπάρχει αίθουσα αναμονής;	Ypárchei aíthousa anamonís?
Is there a café?	Υπάρχει καφετέρια;	Ypárchei kafetéria?

At the doctor
Στο γιατρό

Can I make an appointment?	Μπορώ να κλείσω ένα ραντεβού;	Boró na kleíso éna rantevoú?
Do you accept insurance?	Δέχεστε ασφάλεια;	Décheste asfáleia?
How much is it per visit?	Πόσο κοστίζει η επίσκεψη;	Póso kostízei i epískepsi?
Is the doctor available?	Είναι διαθέσιμος ο γιατρός;	Eínai diathésimos o giatrós?
Do you have female doctors?	Do you have female doctors?	Échete gynaíkes giatroús?
This is my first visit	Αυτή είναι η πρώτη μου επίσκεψη	Aftí eínai i próti mou epískepsi
I don't feel well	Δεν αισθάνομαι καλά	Den aisthánomai kalá

I feel dizzy	Ζαλίζομαι	Zalízomai
My throat hurts	Πονάει ο λαιμός μου	Ponáei o laimós mou
I have a fever	Έχω πυρετό	écho pyretó
I feel nauseous	Νιώθω ναυτία	Niótho naftía
My stomach hurts	Πονάει το στομάχι μου	Ponáei to stomáchi mou
I need to refill my medication	Πρέπει να ανανεώσω τα φάρμακα μου	Prépei na ananeóso ta fármaka mou
I have a cough	Έχω βήχα	écho vícha

At the pharmacy
Στο φαρμακείο

I'd like to fill my prescription	Θα ήθελα να εκτελέσω τη συνταγή μου	Tha íthela na ekteléso ti syntagí mou
I'm allergic to...	Είμαι αλλεργικός σε...	Eímai allergikós se...
I'm pregnant. Can I take this?	Είμαι έγκυος. Μπορώ να το πάρω αυτό;	Eímai énkyos. Boró na to páro aftó?
I'm breastfeeding, can I take this?	Θηλάζω, μπορώ να το πάρω αυτό;	Thilázo, boró na to páro aftó?
How many time should I take this medicine?	Πόσες φορές πρέπει να πάρω αυτό το φάρμακο;	Póses forés prépei na páro aftó to fármako?
Are there any side effects?	Υπάρχουν τυχόν παρενέργειες;	Ypárchoun tychón parenérgeies?
Will this medicine make me drowsy?	Αυτό το φάρμακο θα με κάνει να νυστάζω;	Aftó to fármako pou me kánei na nystázo?

Chapter 7
Day to Day
Καθημερινότητα

At the internet cafe
Στο ίντερνετ καφέ

I'd like to use the internet for two hours please	Θα ήθελα να χρησιμοποιήσω το διαδίκτυο για δύο ώρες, παρακαλώ.	Tha íthela na chrisimopoiíso to diadíktyo gia dýo óres, parakaló.
Do you have a printer?	Έχετε εκτυπωτή;	Échete ektypotí?
Can I get a private room?	Μπορώ να έχω ένα ιδιωτικό δωμάτιο;	Boró na écho idiotikó domátio?
Is there a café?	Υπάρχει καφετέρια;	Ypárchei kafetéria?
What are your fees?	Ποιες είναι οι χρεώσεις σας;	Poies eínai oi chreóseis sas?
What type of computers are available?	Τι είδους υπολογιστές είναι διαθέσιμοι;	Ti eídous ypologistés eínai diathésimoi?
Do you have an English computer?	Έχετε έναν υπολογιστή που να λειτουργεί στα αγγλικά;	Échete ypologistí pou leitourgeí sta Angliká?
What is the wifi password?	Ποιος είναι ο κωδικός πρόσβασης του wifi;	Poios eínai o kodikós prósvasis wifi?

At the convenience/grocery store
Στο ψιλικατζίδικο / παντοπωλείο

Can you warm this up?	Μπορείτε να το ζεστάνετε αυτό;	Boreíte na to zestánete aftó?
Do you take card?	Δέχεστε κάρτα;	Décheste kárta?
Can I get a bag?	Μπορώ να πάρω μια σακούλα;	Boró na páro mia sakoúla?
Can I get cutlery?	Μπορώ να πάρω μαχαιροπήρουνα;	Boró na páro machairopírouna?
I don't need a bag thanks	Ευχαριστώ, δεν χρειάζομαι σακούλα	Efcharistó, den chreiázomai sakoúla
I don't need a receipt	Δεν χρειάζομαι απόδειξη	Den chreiázomai apódeixi

While shopping
Κατά τη διάρκεια των αγορών

How much is this?	Πόσο κοστίζει αυτό;	Póso kostízei aftó?
Can I have a look at it?	Μπορώ να ρίξω μια ματιά σε αυτό;	Boró na ríxo mia matiá se aftó?
Is there a discount?	Υπάρχει κάποια έκπτωση;	Ypárchei kápoia ékptosi?
Is this on sale?	Είναι σε έκπτωση;	Eínai se ékptosi?
I'll take it	Θα το πάρω	Tha to páro
I won't take this one	Δεν θα το πάρω αυτό	Den tha to páro aftó
I'm just looking	Απλά κοιτάω	Aplá koitáo

Can you help me find a gift?	Μπορείτε να με βοηθήσετε να βρω ένα δώρο;	Boreíte na me voithísete na vro éna dóro?
Can I get this in a bigger size?	Μπορώ να το έχω σε μεγαλύτερο μέγεθος;	Boró na to écho se megalýtero mégethos?
Can I get this in a smaller size?	Μπορώ να το πάρω σε μικρότερο μέγεθος;	Boró na to páro se mikrótero mégethos?
Does it come in different colours?	Βγαίνει σε διαφορετικά χρώματα;	Vgaínei se diaforetiká chrómata?
Can I get a better price?	Μπορώ να έχω μια καλύτερη τιμή;	Boró na écho mia kalýteri timí?

Sightseeing
Περιήγηση στα αξιοθέατα

I'd like to buy some tickets	Θα ήθελα να αγοράσω μερικά εισιτήρια	Tha íthela na agoráso meriká eisitíria
Is there a student discount?	Υπάρχει έκπτωση για τους φοιτητές;	Ypárchei ékptosi gia tous foitités?
Is there a seniors discount?	Υπάρχει έκπτωση για τους ηλικιωμένους;	Ypárchei ékptosi gia tous ilikioménous?
How much are tickets for children?	Πόσο κοστίζουν τα εισιτήρια για τα παιδιά;	Póso kostízoun ta eisitíria gia ta paidiá?
Can I take photos?	Μπορώ να βγάλω φωτογραφίες;	Boró na vgálo fotografíes?
Do you have an English guide?	Έχετε έναν αγγλόφωνο ξεναγό;	Échete énan anglófono xenagó?

When do you close?	Πότε κλείνετε;	Póte kleínete?
Is this suitable for children?	Είναι κατάλληλο για παιδιά;	Eínai katállilo gia paidiá?
Is there wheelchair access?	Υπάρχει πρόσβαση για αναπηρικό αμαξίδιο;	Ypárchei prósvasi gia anapirikó amaxídio?
Where is the elevator?	Που είναι το ασανσέρ;	Pou eínai to asansér?
What time do you close?	Τι ώρα κλείνετε;	Ti óra kleínete?

In an emergency
Σε περίπτωση έκτακτης ανάγκης

Please call the police	Παρακαλώ καλέστε την αστυνομία	Parakaló kaléste tin astynomía
Please call the ambulance	Παρακαλώ καλέστε το ασθενοφόρο	Parakaló kaléste to asthenofóro
I'm injured	Έχω τραυματιστεί	écho travmatisteí
There's an accident	Έγινε ένα ατύχημα	Égine éna atýchima
There's been a fight	Υπήρξε ένας καυγάς	Ypírxe énas kavgás
There is a fire	Υπάρχει μια φωτιά	Ypárchei mia fotiá
I'm located at	Βρίσκομαι στο	Vrískomai sto
My mobile number is	Ο αριθμός του κινητού μου είναι	O arithmós tou kinitoú mou eínai
Please call my family	Παρακαλώ καλέστε την οικογένεια μου	Parakaló kaléste tin oikogéneia mou

Travelling with children
Ταξίδι με παιδιά

Can I take my stroller/pram in here?	Μπορώ να πάρω το καρότσι μου εδώ μέσα;	Boró na páro to karótsi mou edó mésa?
How much is it for children?	Πόσο κοστίζει για τα παιδιά;	Póso kostízei gia ta paidiá?
Do you have a kids menu?	Έχετε παιδικό μενού;	Échete paidikó menoú?
Can I get a high chair?	Μπορώ να πάρω καρεκλάκι φαγητού;	Boró na páro karekláki fagitoú?
Is there a parent's room?	Υπάρχει δωμάτιο για τους γονείς;	Ypárchei domátio gia tous goneís?
Can I change my baby here?	Μπορώ να αλλάξω το μωρό μου εδώ;	Boró na alláxo to moró mou edó?
Is there a room for nursing?	Υπάρχει δωμάτιο για θηλασμό;	Ypárchei domátio gia thilasmó?
Can you warm this milk?	Μπορείτε να ζεστάνετε αυτό το γάλα;	Boreíte na zestánete aftó to gála?
Do you have a child minding service?	Διαθέτετε υπηρεσία φύλαξης παιδιών;	Diathétete ypiresía fýlaxis paidión?

BONUS: Chapter 8 Plan Your Travels

TRAVEL planner

destination   date

budget   accomodation

list of must see places:

LOCAL FOODIE   SOUVENIR LIST

TRAVEL ITINERARY

FLIGHT DEPARTURE:

FLIGHT ARRIVAL:

DURATION OF STAY:

HOTEL DETAILS:

DAY	WHAT TO DO	BUDGET
1		
2		
3		
4		
5		

TRAVEL ITINERARY

FLIGHT DEPARTURE:

FLIGHT ARRIVAL:

DURATION OF STAY:

HOTEL DETAILS:

DAY	WHAT TO DO	BUDGET
6		
7		
8		
9		
10		

MY NOTES